AFOQT 2023-2024 GUÍA DE ESTUDIO

Alcance el éxito en el AFOQT sin esfuerzo: Preguntas de examen expertas, claves de respuestas, consejos probados y exámenes de práctica para una tasa de aprobación del 98% en su camino hacia la excelencia en la Fuerza Aérea.

Leonard S. olivia

Reservados todos los derechos.

Ninguna parte de esta [publicación/obra/material] puede ser reproducida, distribuida o transmitida en forma alguna ni por ningún medio, incluidos el fotocopiado, la grabación u otros métodos electrónicos o mecánicos, sin el permiso previo por escrito del propietario de los derechos de autor, excepto en el caso de citas breves incluidas en reseñas críticas y otros usos no comerciales permitidos por la ley de derechos de autor.

Este aviso debe incluirse en todas y cada una de las copias o reproducciones de la publicación/obra/material, así como en cualquier obra derivada autorizada. El uso no autorizado de esta publicación/obra/material está estrictamente prohibido y penado por la ley.

Copyright © Leonard S. Olivia, 2023.

Table of contents

Introducción al AFOQT **4**
Sección: 1 .... **6**
Comprender el FOQT **6**
    Elegibilidad e Inscripción 9
    Formato y estructura del examen 12
    Puntuación y requisitos de aprobación 16
Sección 2: **20**
Estrategias y consejos de estudio **20**
    Técnicas de gestión del tiempo 22
Sección 3 .... **25**
Aptitud verbal **25**
    Aptitud verbal 25
    Ejemplos de preguntas 28
Sección 4: **31**
Aptitud cuantitativa **31**
    Aptitud cuantitativa 31
    Conceptos matemáticos y fórmulas 34
    Ejemplos de preguntas 37
Sección 5: **40**
Conocimientos de aviación y aeronáutica **40**
    Visión general de los conocimientos de aviación 40
    Tipos de aeronaves y terminología 43
    Ejemplos de preguntas 45
Sección 6: **48**
Comprensión de los instrumentos **48**
    Visión general de la comprensión de los instrumentos 48
    Interpretar los instrumentos de vuelo 51
    Ejemplos de preguntas 53
Sección 7 .... **57**
Juicio situacional **57**
    Estrategias de toma de decisiones 60
    Ejemplos de escenarios 63
Conclusión **69**

Introducción al AFOQT

En el vasto horizonte azul donde los sueños alzan el vuelo, un futuro de posibilidades ilimitadas aguarda a aquellos que se atreven a remontar el vuelo. Imagínese al mando de un elegante avión de combate, surcando los cielos con precisión y confianza. Imagínese dirigiendo un equipo de individuos excepcionales dedicados a salvaguardar la nación desde las alturas. Esta visión, esta búsqueda de la excelencia en la aviación, comienza con un paso esencial: el Examen de Calificación para Oficiales del Ejército del Aire (AFOQT).

Bienvenido a un viaje que trasciende lo ordinario, un viaje que no sólo desafiaba su intelecto, sino que también encenderá su pasión por la aviación. El AFOQT no es sólo un examen; es su pasaporte para unirse a las filas de élite de las Fuerzas Aéreas de los Estados Unidos, donde su liderazgo, intelecto y dedicación darán forma al futuro de la superioridad aérea.

Al pasar las páginas de esta completa guía de estudio AFOQT, se está embarcando en una aventura transformadora. Si usted es un aviador experimentado perfeccionando sus habilidades o un individuo decidido con un ardiente deseo de hacer de los cielos su dominio, esta guía es su copiloto de confianza en el camino hacia el éxito.

Por qué es importante esta guía:

El AFOQT no es simplemente una prueba de conocimientos; es una medida de su potencial para sobresalir en el exigente mundo de la aviación militar. Evalúa su aptitud en áreas críticas como analogías verbales, razonamiento matemático, conocimientos de aviación y juicio situacional. Pero más que eso, evalúa tu idoneidad para liderar, tomar decisiones bajo presión y mantener los valores de honor y servicio.

Esta guía ha sido meticulosamente elaborada para dotarlo de los conocimientos, estrategias y confianza necesarios para conquistar el AFOQT. Dentro de estas páginas, usted encontrará no sólo las herramientas para dominar cada sección de la prueba, sino también la inspiración para alcanzar el cielo y lograr sus aspiraciones de la aviación.

Lo que te espera

- Explicaciones claras de cada sección del AFOQT, desmitificando conceptos complejos.
- Estrategias de estudio probadas y técnicas de gestión del tiempo para optimizar su preparación
- Ejercicios de práctica y preguntas de muestra con explicaciones detalladas para afinar sus habilidades.
- Consejos expertos de aviadores experimentados y veteranos del AFOQT
- Un apéndice con un examen de práctica completo, una lista completa de vocabulario y tablas de conversión.
- Y lo más importante, la convicción inquebrantable de que usted tiene el potencial para sobresalir y hacer realidad sus sueños de aviación.

El AFOQT es tu puerta de entrada a un mundo de aventura, liderazgo y excelencia. Es un examen, sí, pero también es una oportunidad, una ocasión de demostrar su valía, de superar los límites de lo que creía posible y de embarcarse en un viaje de logros y servicio que durará toda la vida.

Así pues, abróchese el cinturón, querido lector, y prepárese para el despegue. El cielo no es el límite; es tu plataforma de lanzamiento. Tu aventura comienza ahora.

Sección: 1

Comprender el FOQT

El Examen de Calificación de Oficial de Vuelo (FOQT) no es sólo un examen; es una puerta de entrada para surcar los cielos con confianza y competencia. Comprender el FOQT es su pasaporte a un mundo de aventuras, donde el cielo es su lienzo y el liderazgo su brújula. Este examen evalúa no sólo sus conocimientos, sino también su capacidad para tomar decisiones cruciales bajo presión, una habilidad esencial en el ámbito de la aviación.

Acepte el reto, ya que en sus preguntas se encuentran las claves para pilotar aviones, surcar los cielos y hacer realidad sus sueños. Prepárate con diligencia, estudia con inteligencia y embárcate en un viaje en el que el horizonte es tu único límite. El FOQT es tu billete al apasionante mundo de la aviación, donde tus sueños alzan el vuelo.
Visión general del FOQT

El Flight Officer Qualifying Test (FOQT) se erige como un hito indispensable para las personas que aspiran a unirse a las filas de élite de la aviación dentro de las Fuerzas Aéreas de los Estados Unidos. Esta exhaustiva evaluación es más que un mero examen; es una ventana al desafiante pero gratificante mundo de los oficiales de vuelo y su papel vital en la salvaguarda de los cielos. En este artículo, nos adentramos en las complejidades del FOQT, su importancia y lo que se necesita para conquistar este obstáculo crítico en su viaje hacia la excelencia de la aviación.

El FOQT es un examen estandarizado diseñado para evaluar la aptitud de un individuo en diversas áreas relacionadas con la aviación y el liderazgo militar. Es un examen riguroso que mide no sólo los conocimientos de un candidato, sino también su capacidad para tomar decisiones eficaces bajo presión, una habilidad muy valorada en el mundo de la aviación.

Estructura y formato del examen: Desvelando los componentes

El FOQT se divide en varias secciones, cada una de las cuales evalúa diferentes aspectos de la preparación de un candidato para una carrera en la aviación. Estas secciones suelen incluir:

1. Aptitud verbal: Esta sección evalúa la competencia lingüística del candidato, poniendo a prueba su capacidad para comprender y analizar información escrita compleja.

2. Aptitud cuantitativa: La sección de conocimientos matemáticos evalúa el razonamiento matemático y las capacidades de resolución de problemas esenciales para los cálculos y la logística aeronáutica.

3. Conocimientos de aviación y aeronáutica: Los aspirantes a oficiales de vuelo deben demostrar su comprensión de los principios de la aviación, los tipos de aeronaves y la terminología específica del sector.

4. Comprensión de instrumentos: Esta sección pone a prueba la capacidad de un candidato para interpretar los instrumentos de vuelo y calibrar el conocimiento de la situación, una habilidad crítica para la navegación en vuelo.

5. Juicio situacional: El FOQT evalúa las capacidades de toma de decisiones en escenarios de alta presión, reflejando los desafíos a los que se enfrentan los profesionales de la aviación.

Importancia del FOQT: Puerta a la excelencia en aviación

El FOQT sirve como una herramienta de selección crucial, asegurando que los candidatos poseen la fortaleza intelectual y emocional necesaria para una carrera en la aviación. Identifica a las personas que tienen el potencial no sólo para sobresalir académicamente, sino también para dirigir con eficacia, tomar decisiones acertadas en situaciones de estrés, y defender los principios de honor y servicio.

Preparación: Navegando por el camino del éxito

Para superar el FOQT, los candidatos deben embarcarse en un viaje de estudio estructurado y disciplinado. Esto incluye familiarizarse con el formato del examen, perfeccionar sus conocimientos en las materias pertinentes y practicar en condiciones de examen simuladas. Muchos candidatos también buscan orientación en guías de estudio, pruebas prácticas y recursos de expertos para mejorar su preparación.

El FOQT no es sólo un examen; es una plataforma de lanzamiento hacia una carrera satisfactoria y dinámica en la aviación. Es un reto que, cuando se afronta con dedicación y preparación, allana el camino para convertirse en un oficial de vuelo competente y respetado en las Fuerzas Aéreas de los Estados Unidos. Comprender el FOQT es el primer paso hacia el logro de sus aspiraciones en la aviación, y es un viaje en el que vale la pena embarcarse. Por lo tanto, abróchese el cinturón, apunte alto y prepárese para elevarse a nuevas alturas a través de los cielos de la excelencia aeronáutica.

Elegibilidad e Inscripción

El Examen de Calificación para Oficiales de Vuelo (FOQT) es el primer paso en su camino hacia una estimada carrera como oficial de vuelo en la Fuerza Aérea de los Estados Unidos. Asegurarse de que cumple con los criterios de elegibilidad y navegar por el proceso de inscripción con precisión es de suma importancia. En esta guía completa, le guiaremos a través de los pasos esenciales para determinar su elegibilidad y registrarse con éxito para el FOQT.

Paso 1: Evaluación de la admisibilidad

Antes de iniciar el proceso de inscripción, es fundamental que se asegure de que cumple los requisitos de admisión. Estos requisitos pueden variar ligeramente, por lo que es aconsejable consultar la información más reciente en el sitio web oficial de las Fuerzas Aéreas de EE.UU. o en la agencia específica responsable de la administración del FOQT. No obstante, a continuación se indican algunos criterios comunes de elegibilidad:

Ciudadanía: Debe ser ciudadano estadounidense o residente permanente con la documentación adecuada.

Edad: La mayoría de los candidatos deben tener entre 18 y 33 años en el momento de su nombramiento. Los requisitos de edad pueden variar en función de la carrera dentro del Ejército del Aire.

Formación: Para la mayoría de los puestos de oficial de las Fuerzas Aéreas se suele exigir una licenciatura. Asegúrese de que tiene o tendrá esta titulación antes de presentar su solicitud.

Salud: Los candidatos deben cumplir con ciertos requisitos médicos para calificar para el FOQT y el subsiguiente servicio en la Fuerza Aérea.

Normas morales y legales: Se esperan antecedentes penales limpios y la adhesión a altos estándares morales y éticos.

Aptitud física: Los candidatos deben cumplir normas específicas de aptitud física, incluidos los requisitos del examen de aptitud física (PFT) del Ejército del Aire.

Paso 2: Proceso de inscripción

Una vez que haya confirmado su elegibilidad, es hora de inscribirse en el FOQT. Siga estos pasos:

Investigue la fecha de la prueba: Consulte el sitio web oficial de las Fuerzas Aéreas o la agencia responsable de la administración del FOQT para conocer las próximas fechas y lugares de examen.

Cree una cuenta: La mayoría de los procesos de inscripción FOQT implican la creación de una cuenta en línea en la plataforma oficial de pruebas. Proporcione información personal precisa y datos de contacto.

Seleccione el lugar del examen: Elija un lugar de examen conveniente para usted. Tenga en cuenta que algunos lugares pueden tener disponibilidad limitada, así que planifique con antelación.

Pague la tasa de inscripción: Normalmente hay una tasa de inscripción para el FOQT. Asegúrese de que tiene los medios para pagar esta tasa cuando se inscriba.

Prepare los documentos necesarios: Reúna todos los documentos necesarios, como prueba de ciudadanía, certificados de estudios e historial médicos. Pueden ser necesarios durante el proceso de inscripción.

Presente la solicitud: Complete el proceso de inscripción enviando su solicitud, junto con los documentos requeridos y el pago.

Paso 3: Confirmación y preparación

Tras inscribirse correctamente, recibirá la confirmación de la fecha y el lugar del examen. Es fundamental que aproveche el tiempo previo al examen para prepararse a fondo. Tenga en cuenta estos consejos de preparación:

Material de estudio: Adquiera guías de estudio y pruebas de práctica específicas para el FOQT. Estos recursos te ayudarán a familiarizarte con el formato y el contenido del examen.

Elabore un plan de estudio: Elabore un plan de estudio estructurado que abarque todas las secciones del examen. Dedica tiempo suficiente a cada materia.

Practica con regularidad: La práctica constante es la clave del éxito. Practica los exámenes en condiciones cronometradas para simular el entorno del examen.

Mantente informado: Manténgase al día sobre cualquier cambio en el formato, contenido o requisitos del examen. Visite los sitios web y foros oficiales del Ejército del Aire para obtener la información más reciente.

Elegibilidad y registro Oportunidad pasos de prueba en su viaje para convertirse en un oficial de vuelo en la Fuerza Aérea de EE.UU.. Cumplir con los criterios de elegibilidad y registrarse con precisión y prontitud son esenciales para asegurar un camino sin problemas para tomar el FOQT. Tómese en serio estos pasos y aproveche el tiempo previo a la prueba para centrarse en la preparación. Recuerde, el éxito en el FOQT abre la puerta a una carrera dinámica y honorable en la excelencia de la aviación.

Formato y estructura del examen

El Flight Officer Qualifying Test (FOQT) es un examen fundamental para los aspirantes a oficiales de vuelo de las Fuerzas Aéreas de los Estados Unidos. Para sobresalir, es crucial entender el formato del examen, su estructura y los tipos de preguntas que encontrarás. En esta guía, profundizaremos en el formato y la estructura del examen FOQT con ejemplos ilustrativos para ayudar a su comprensión.

Sección 1: Visión general del examen
Antes de entrar en detalles, vamos a empezar con una visión general del FOQT:

- Propósito: El FOQT evalúa la aptitud de los candidatos para una carrera como oficial de vuelo, evaluando sus conocimientos, habilidades de toma de decisiones y potencial de liderazgo.

- Duración: El FOQT suele durar unas cinco horas, con varias secciones cronometradas.

Sección 2: Preguntas tipo test

La mayoría de las secciones del FOQT consisten en preguntas de opción múltiple, en las que usted selecciona la respuesta correcta de una lista de opciones. He aquí un ejemplo:

Ejemplo 1: Aptitud cuantitativa

Pregunta: ¿Cuál es el 25% de 80?

A) 10
B) 15
C) 20
D) 25

En este ejemplo, la respuesta correcta es C) 20. Para acertar, tendrás que emplear el razonamiento matemático para calcular el porcentaje.

Sección 3: Secciones del test

Ahora, vamos a explorar las secciones individuales del FOQT con ejemplos:

Aptitud verbal
Esta sección evalúa su capacidad de comprensión. Ejemplo:

Ejemplo 2: Aptitud verbal

Pregunta: En el siguiente pasaje, ¿cuál es el argumento principal del autor?

[Extracto del pasaje]

Las opciones de respuesta pueden implicar el análisis del pasaje para identificar el argumento principal del autor.

Aptitud cuantitativa
Esta sección evalúa sus habilidades matemáticas. Ejemplo:

Ejemplo 3: Aptitud cuantitativa

Pregunta: Si un coche viaja a una velocidad constante de 100 km/h, ¿cuántos kilómetros recorrerá en 3 horas?

A) 30 millas
B) 60 millas
C) 90 millas

D) 180 millas

La respuesta correcta es C) 90 millas. Debes aplicar conceptos matemáticos básicos para resolver este problema.

Conocimientos de aviación y aeronáutica
Esta sección evalúa tus conocimientos sobre los principios de la aviación. Ejemplo:

Ejemplo 4: Conocimientos de aviación

Pregunta: ¿Cómo se denomina la línea imaginaria que va desde el morro hasta la cola de un avión, dividiéndolo en dos mitades: izquierda y derecha?

A) Fuselaje
B) Alerón
C) Fusiforme
D) Eje Longitudinal

La respuesta correcta es (D) Eje Longitudinal. La comprensión de la terminología aeronáutica es esencial.

Comprensión de instrumentos

Esta sección evalúa su capacidad para interpretar los instrumentos de vuelo. Ejemplo

Ejemplo 5: Comprensión de instrumentos

Pregunta: En el diagrama dado, ¿qué instrumento representa el indicador de velocidad aerodinámica?

[Diagrama que muestra varios instrumentos de vuelo].

Debe identificar el indicador de velocidad aerodinámica en el diagrama proporcionado.

Juicio situacional

Esta sección evalúa su toma de decisiones bajo presión. Ejemplo

Ejemplo 6: Juicio situacional

Pregunta: Usted es el jefe de vuelo y se encuentra con una turbulencia inesperada. ¿Cuál es su curso de acción inmediato?

A) Mantener el rumbo y la altitud
B) Iniciar un descenso de emergencia
C) Contactar al control de trafico aereo para orientación
D) Alertar a los otros pilotos y prepararse para turbulencias

En este escenario, deberá seleccionar el curso de acción más apropiado basándose en su juicio situacional.

Sección 4: Requisitos de puntuación y aprobación

El FOQT suele emplear un sistema de puntuación escalonado, en el que cada sección contribuye a la puntuación total. Los requisitos de puntuación pueden variar, pero una puntuación competitiva es esencial para demostrar su preparación como oficial de vuelo.

Comprender el formato, la estructura y los tipos de preguntas del FOQT es esencial para una preparación eficaz. Utilice ejemplos como los proporcionados para familiarizarse con los tipos de preguntas que encontrará. Al dominar cada sección, usted estará bien preparado para navegar el FOQT con éxito y embarcarse en su viaje hacia una carrera como oficial de vuelo en la Fuerza Aérea de los EE.UU..

Puntuación y requisitos de aprobación

El AFOQT emplea un sistema de puntuación escalonado que mide su rendimiento en relación con el de otros examinandos. Así es como funciona la estructura de puntuación:

- Puntajes Escalonados: Cada sección del AFOQT genera un puntaje escalado, que puede variar de 10 a 90. Estos puntajes escalados están diseñados para facilitar la evaluación de los candidatos. Estas puntuaciones escaladas están diseñadas para facilitar las comparaciones entre los candidatos.

- Puntuaciones compuestas: Las puntuaciones compuestas se obtienen combinando las puntuaciones escaladas de las diferentes secciones del AFOQT. Estas puntuaciones compuestas proporcionan una evaluación global de sus aptitudes y capacidades.

La importancia de las puntuaciones AFOQT

- Ventaja competitiva: Las puntuaciones altas en el AFOQT le dan una ventaja competitiva a la hora de solicitar puestos de oficial en el Ejército del Aire. Significan su preparación e idoneidad para puestos de liderazgo.

- Oportunidades profesionales: Sus resultados en el AFOQT pueden determinar sus oportunidades profesionales dentro del Ejército del Aire. Un buen desempeño puede abrirle las puertas a varias carreras, incluyendo piloto, navegante y otros puestos de oficial.

- Preferencias de asignación: En algunos casos, su puntaje en el AFOQT puede influenciar sus preferencias de asignación y los tipos de roles a los que puede optar dentro de la Fuerza Aérea.

Cumplimiento de los requisitos de aprobación del AFOQT

Para progresar en su camino hacia convertirse en oficial de la Fuerza Aérea, es primordial cumplir con los requisitos de aprobación del AFOQT:

- Puntajes mínimos de aprobación: La Fuerza Aérea establece puntajes mínimos de aprobación para cada sección del AFOQT y puntajes compuestos. Estas puntuaciones pueden variar en función de la carrera específica que esté siguiendo.

- Criterios de elegibilidad: Alcanzar las puntuaciones de aprobación en el AFOQT es un paso fundamental para cumplir con los criterios de elegibilidad para puestos de oficiales dentro de la Fuerza Aérea.

Preparación para el éxito

Para cumplir o superar los requisitos de aprobación del AFOQT, es esencial una preparación eficaz:

- Estudio exhaustivo: Utiliza guías de estudio específicas para el AFOQT, exámenes de práctica y recursos para familiarizarte con el formato y el contenido del examen.

- Practique bajo condiciones cronometradas: Simula el entorno del examen practicando las secciones del AFOQT en condiciones cronometradas para mejorar la gestión del tiempo y reducir la ansiedad ante el examen.

- Identifique sus puntos débiles: Evalúe sus puntos fuertes y débiles en cada sección del AFOQT y concentre sus esfuerzos de estudio adicionales donde sea necesario.

- Consultar recursos: Busque orientación de expertos en AFOQT, instructores y comunidades en línea para obtener información valiosa sobre el examen y las estrategias de estudio.

Repetición del examen y mejora

Si inicialmente no cumples los requisitos para aprobar el AFOQT, no pierdas la esperanza. Muchos candidatos vuelven a presentarse al examen después de una preparación adicional para mejorar sus resultados. Sin embargo, tenga en cuenta lo siguiente:

- Políticas para volver a tomar el examen: Familiarícese con las políticas de la Fuerza Aérea con respecto a volver a tomar el examen, incluyendo períodos de espera y limitaciones.

- Estudio enfocado: Analice su desempeño previo en el examen y adapte su plan de estudio para abordar debilidades específicas.

- Tutoría: Busque tutoría u orientación de personas que hayan mejorado con éxito sus resultados en el AFOQT.

Obtener una buena puntuación en el AFOQT y cumplir con los requisitos de aprobación son pasos esenciales en su camino para convertirse en un oficial de la Fuerza Aérea. Afronte el examen con dedicación, determinación y un plan de estudio exhaustivo. Sus resultados en el AFOQT no sólo significan su preparación, sino que también le posicionan para una carrera satisfactoria en el liderazgo y la excelencia de la aviación. Prepárese, persevere y emprenda su camino para convertirse en oficial de las Fuerzas Aéreas con confianza y compromiso.

Sección 2:
Estrategias y consejos de estudio

Prepararse para el Examen de Calificación para Oficiales del Ejército del Aire (AFOQT) exige no sólo dedicación, sino también estrategias de estudio inteligentes. Para sobresalir, tenga en cuenta estos consejos clave. En primer lugar, cree un programa de estudio estructurado, asignando tiempo a cada sección del examen. A continuación, utilice materiales de estudio específicos para el AFOQT y pruebas de práctica para familiarizarse con el contenido y el formato. Concéntrese en sus puntos débiles, repasando y practicando esas áreas más intensamente. Simule las condiciones del examen para mejorar la gestión del tiempo. Busque la orientación de veteranos o instructores de AFOQT para obtener información valiosa. Por último, mantén la motivación y una mentalidad positiva durante toda la preparación. Con estas estrategias, el éxito en el AFOQT está a tu alcance.

Hábitos de estudio efectivos

El Examen de Calificación para Oficiales de la Fuerza Aérea (AFOQT) es un paso fundamental en su camino para convertirse en un oficial de la Fuerza Aérea, exigiendo no sólo conocimientos, sino también hábitos de estudio eficaces. He aquí estrategias cruciales para asegurar que su preparación le lleve al éxito.

1. Horario de estudio estructurado: Organice su tiempo de estudio creando un horario detallado. Asigne bloques de tiempo específicos para cada sección del AFOQT, asegurando una cobertura completa.

2. 2. Calidad sobre cantidad: Concéntrese en la calidad, no en la cantidad. Entiende el contenido a fondo en lugar de apresurarte. Aclare dudas y busque explicaciones cuando sea necesario.

3. Practica con regularidad: La práctica constante es clave. Utiliza materiales de estudio y exámenes de práctica específicos para el AFOQT para acostumbrarte al formato y al contenido.

4. Aprendizaje activo: Comprométete activamente con el material. Toma notas, crea flashcards y resume los puntos clave para reforzar tu comprensión.

5. 5. Pausas y recompensas: Incluye pequeños descansos en tus sesiones de estudio para reponer fuerzas. Recompensate tras alcanzar hitos de estudio para mantener la motivación.

6. Recursos diversos: Utilice una variedad de recursos, incluyendo libros de texto, cursos en línea y guías de estudio AFOQT, para obtener diferentes perspectivas sobre el material.

7. 7. Grupos de estudio: Únete o forma grupos de estudio para discutir temas desafiantes y aprender de tus compañeros. Explicar conceptos a otros puede profundizar su comprensión.

8. 8. Simular las condiciones de un examen: Práctica en condiciones cronometradas, similares a las de un examen, para mejorar la gestión del tiempo y reducir la ansiedad ante los exámenes.

9. Estilo de vida saludable: Prioriza una dieta equilibrada, ejercicio regular y un sueño adecuado para mantener la mente despierta y concentrada durante las sesiones de estudio.

10. Mantente informado: Manténgase al día sobre los cambios o actualizaciones del AFOQT visitando los sitios web y foros oficiales de la Fuerza Aérea. Asegúrese de que sus materiales de estudio estén alineados con el contenido más reciente.

Los hábitos de estudio efectivos son la base del éxito en el AFOQT. Combine estas estrategias con determinación y dedicación, y estará bien preparado para sobresalir el día del examen y embarcarse en su viaje hacia una honorable carrera como oficial de la Fuerza Aérea.

Técnicas de gestión del tiempo

Prepararse para el Examen de Calificación para Oficiales del Ejército del Aire (AFOQT) no sólo depende de lo que estudies, sino también de la eficacia con la que gestionas tu tiempo. Explicaremos técnicas esenciales de gestión del tiempo adaptadas a la preparación del AFOQT, proporcionando ejemplos prácticos y orientación sobre cómo utilizarlas eficazmente.

1. 1. Crea un horario de estudio:

Comience por elaborar un horario de estudio estructurado. Asigna franjas horarias específicas para cada sección del AFOQT, asegurando una cobertura equilibrada de todos los temas. Por ejemplo

- Lunes: Aptitud Verbal (8:00 AM - 10:00 AM)
- Martes: Aptitud cuantitativa Aptitud cuantitativa (14:00 - 16:00)
- Miércoles: Conocimientos de aviación (10:00 - 12:00)
- Jueves Comprensión de instrumentos (15:00 - 17:00)
- Viernes Juicio Situacional (9:00 AM - 11:00 AM)

2. 2. Priorice las tareas:

Identifique las áreas más desafiantes para usted y asignarles más tiempo. Establecer prioridades le garantiza que dedica suficiente atención a sus puntos débiles. Por ejemplo, si tienes dificultades con las matemáticas, podrías dedicar más tiempo a la aptitud cuantitativa.

3. Técnicas de aprendizaje activo:

Comprométete activamente con el material para mejorar la retención. Toma notas, crea fichas o resume los conceptos clave. Por ejemplo, si estás estudiando principios de aviación, crea flashcards con tipos de aviones y sus especificaciones.

4. Pausas y recompensas:

Integra pausas breves en tu rutina de estudio. Estos breves descansos pueden recargar la mente y evitar el agotamiento. Recompensarte a ti mismo después de lograr hitos de estudio, como completar un examen de práctica completo.

5. 5. Simule las condiciones del examen:

Para mejorar la gestión del tiempo durante el AFOQT real, practique en condiciones cronometradas. Pon un cronómetro para cada sección y esfuérzate por completar las preguntas dentro del tiempo asignado. Esto le ayudará a acostumbrarse al ritmo requerido el día del examen.

6. 6. Elimine las distracciones:

Identifica las distracciones habituales y elimínalas durante las horas de estudio. Apaga las notificaciones de las redes sociales, silencia tu teléfono y crea un entorno de estudio libre de desorden.

7. Reflexionar y ajustar:

Evalúa periódicamente tus progresos y ajusta tu horario y técnicas de estudio en consecuencia. Si un método en particular te parece ineficaz, muéstrate abierto a probar nuevas estrategias.

8. 8. Mantén un estilo de vida saludable:

Una nutrición adecuada, el ejercicio regular y dormir lo suficiente son cruciales para una función cognitiva óptima. Dé prioridad a su salud para asegurarse de que puede concentrarse y concentrarse eficazmente durante las sesiones de estudio.

9. 9. Busque ayuda cuando la necesite:

Si tienes dificultades con secciones específicas del AFOQT, no dudes en buscar ayuda de instructores, grupos de estudio o foros en línea. El aprendizaje colaborativo puede proporcionar valiosas ideas y apoyo.

10. 10. Mantente informado:

Manténgase actualizado sobre las noticias relacionadas con el AFOQT o los cambios en el formato del examen visitando los sitios web y foros oficiales de la Fuerza Aérea. Asegúrese de que sus materiales de estudio estén alineados con el contenido más actual.

La gestión eficaz del tiempo es la piedra angular del éxito en el AFOQT. Poniendo en práctica estas técnicas y adaptándolas a sus necesidades particulares, no sólo optimizará su preparación, sino que también mejorará su preparación general para este examen fundamental. Con una gestión disciplinada del tiempo, estará bien encaminado para lograr su objetivo de convertirse en oficial de las Fuerzas Aéreas.

Sección 3

Aptitud verbal

La aptitud verbal es una valiosa habilidad que trasciende las meras palabras. Abarca la capacidad de comprender, analizar y comunicar ideas con precisión y claridad. Esta habilidad desempeña un papel crucial en diversos aspectos de la vida, desde superar exámenes estandarizados como el AFOQT hasta destacar en las interacciones profesionales y personales. Una buena aptitud verbal permite expresarse con claridad, interpretar información compleja y tomar decisiones con conocimiento de causa. Permite una comunicación eficaz, fomentando la comprensión y la conexión. Tanto si se trata de dominar el vocabulario, perfeccionar la comprensión o perfeccionar la oratoria, cultivar la aptitud verbal es un viaje que merece la pena emprender para el crecimiento personal y profesional.

Aptitud verbal

La aptitud verbal implica varios componentes clave:

1. 1. Vocabulario: Un vocabulario sólido es la base de la aptitud verbal. Abarca el conocimiento que una persona tiene de las palabras, su significado y su uso adecuado. Un vocabulario rico favorece la comprensión y la expresión eficaz.

2. 2. Comprensión lectora: Esta destreza evalúa la capacidad de comprender e interpretar textos, artículos o pasajes escritos. Una comprensión lectora competente permite a los individuos extraer la información esencial, identificar las ideas principales y hacer inferencias.

3. 3. Pensamiento crítico: La aptitud verbal está estrechamente relacionada con el pensamiento crítico, que implica evaluar, analizar y sintetizar información procedente de

diversas fuentes. Permite a los individuos evaluar argumentos, identificar falacias y formar opiniones bien razonadas.

4. 4. Comunicación: Una aptitud verbal eficaz permite a los individuos articular sus pensamientos, ideas y perspectivas de forma clara y persuasiva. Es crucial tanto en la comunicación escrita como en la oral, fomentando interacciones exitosas en entornos personales, académicos y profesionales.

Importancia de la aptitud verbal

La aptitud verbal tiene una importancia inmensa:

1. Éxito académico: El dominio de la aptitud verbal es vital para el éxito académico. Es la piedra angular de la comprensión lectora, la redacción de ensayos y el rendimiento en pruebas estandarizadas como el AFOQT y el SAT.

2. 2. Crecimiento profesional: En el ámbito profesional, una buena aptitud verbal tiene un valor incalculable. Aumenta la capacidad de comunicarse eficazmente con colegas, clientes y superiores, facilitando la promoción profesional.

3. 3. Resolución de problemas: La aptitud verbal ayuda en la resolución de problemas al permitir a los individuos analizar cuestiones complejas, transmitir soluciones y colaborar con otros en la búsqueda de resoluciones.

4. 4. Liderazgo: El liderazgo eficaz depende a menudo de la capacidad de comunicar una visión clara e inspirar a los demás. La aptitud verbal es esencial para que los líderes transmitan sus mensajes de forma persuasiva y den ejemplo.

Desarrollar la aptitud verbal

Mejorar la aptitud verbal es un esfuerzo que dura toda la vida. Entre las estrategias eficaces se incluyen:

1. Leer mucho: La lectura de materiales variados, desde literatura hasta artículos periodísticos, amplía el vocabulario y mejora la comprensión.

2. 2. Ampliar el vocabulario: Aprender e incorporar regularmente nuevas palabras en el uso diario del lenguaje enriquece el vocabulario.

3. 3. Lectura crítica: Comprometerse con textos desafiantes y analizarlos críticamente perfecciona las habilidades de comprensión y pensamiento crítico.

4. 4. Comunicación eficaz: Practicar la oratoria, la escritura y la escucha activa para perfeccionar las habilidades comunicativas.

La aptitud verbal es una habilidad dinámica que capacita a las personas para comunicarse eficazmente, pensar de forma crítica y destacar en diversos aspectos de la vida. Cultivar esta habilidad mediante el aprendizaje y la práctica continuos no sólo es enriquecedor intelectualmente, sino también esencial para el crecimiento personal y profesional.

Ejemplos de preguntas

Aquí tienes tres preguntas de ejemplo que te ayudarán a practicar tus aptitudes verbales, seguidas de estrategias para el éxito y sus respuestas:

Pregunta 1: Vocabulario

Seleccione el sinónimo de la palabra "efímero".

A) Duradero
B) Temporal
C) Eterno
D) Permanente

Pregunta 2: Comprensión de lectura

Lea el siguiente pasaje y responda a la pregunta:

"El aumento de la temperatura global plantea importantes retos al medio ambiente. El deshielo de los casquetes polares, la mayor frecuencia de fenómenos meteorológicos extremos y la subida del nivel del mar son consecuencias del cambio climático. Es imperativo que tomemos medidas inmediatas para mitigar estos efectos".

¿Cuál es el punto principal del pasaje?

A) El cambio climático es un mito.
B) Las consecuencias del aumento de la temperatura global
C) No es necesario actuar de inmediato.
D) Los fenómenos meteorológicos extremos son raros.

Pregunta 3: Pensamiento crítico

¿Cuál de los siguientes es un ejemplo de falacia lógica?

A) Sacar una conclusión basada en pruebas relevantes
B) Ataque ad hominem
C) Aportar argumentos de apoyo sólidos
D) Analizar una situación desde múltiples perspectivas

Estrategias para el éxito

1. 1. Vocabulario:

- Pistas contextuales: Busca pistas contextuales dentro de la frase o pasaje que puedan ayudarte a determinar el significado de palabras desconocidas.

- Prefijos y sufijos: Comprender las partes comunes de las palabras, como prefijos y sufijos, ya que pueden proporcionar pistas sobre el significado de las palabras.

- Sinónimos y antónimos: Identificar sinónimos (palabras con significados similares) y antónimos (palabras con significados opuestos) para ayudar a determinar el significado de las palabras.

2. 2. Comprensión lectora:

- Leer activamente: Comprométase con el texto subrayando los puntos clave y tomando notas mientras lee.

- Identificar la idea principal: Determinar el mensaje o argumento central del pasaje.

- Practicar la lectura cronometrada: Para mejorar la velocidad y la comprensión, practique la lectura de pasajes en condiciones cronometradas.

3. 3. Pensamiento crítico:

- Reconocer falacias: Familiarizarse con las falacias lógicas más comunes, como los ataques ad hominem o los argumentos del hombre de paja.

- Evaluar argumentos: Evaluar la fuerza y validez de los argumentos presentados en los pasajes.

- Practicar la lectura crítica: Leer artículos o editoriales de forma crítica, identificando y analizando argumentos y falacias.

Respuestas a preguntas de ejemplo

1. B) Temporal
2. B) Las consecuencias del aumento de la temperatura global
3. B) Ataque ad hominem

Recuerda que la práctica constante es clave para mejorar tu aptitud verbal. Busca preguntas y pasajes de práctica adicionales para mejorar aún más tus habilidades en vocabulario, comprensión lectora y pensamiento crítico.

Sección 4:
Aptitud cuantitativa

La aptitud cuantitativa es una habilidad cognitiva fundamental que permite a las personas desenvolverse en las complejidades numéricas de nuestro mundo. Abarca la capacidad de comprender, analizar y resolver problemas matemáticos con precisión. En la vida cotidiana, desde las decisiones financieras hasta la resolución de problemas en diversos campos, la aptitud cuantitativa desempeña un papel crucial. Ya se trate de calcular presupuestos, analizar datos o destacar en pruebas estandarizadas como el AFOQT, esta habilidad es indispensable. No sólo significa destreza numérica, sino también capacidad para tomar decisiones fundamentadas, cuantificar información y resolver retos del mundo real. Aprovechar la aptitud cuantitativa es un viaje hacia la excelencia analítica y la seguridad en la resolución de problemas.

Aptitud cuantitativa

La aptitud cuantitativa, a menudo denominada aptitud numérica o matemática, es una habilidad cognitiva polifacética que abarca la capacidad de una persona para trabajar con números, conceptos matemáticos y datos cuantitativos de forma eficaz. Desempeña un papel fundamental en varias facetas de la vida, como la académica, el éxito profesional, los conocimientos financieros y la resolución de problemas. En este completo resumen, profundizaremos en los componentes, el significado y las estrategias para desarrollar y aplicar la aptitud cuantitativa.

La aptitud cuantitativa comprende varios componentes clave:

1. Competencia numérica: Es esencial tener una base sólida en aritmética básica. Esto incluye operaciones como la suma, la resta, la multiplicación, la división y la capacidad de trabajar con fracciones, decimales y porcentajes.

2. Habilidades algebraicas: La aptitud cuantitativa se extiende a los conceptos algebraicos, abarcando ecuaciones, desigualdades, funciones y la capacidad de resolver problemas algebraicos.

3. 3. Geometría: La competencia en geometría implica la comprensión de formas geométricas, propiedades, ángulos, áreas y volúmenes, permitiendo a los individuos resolver problemas geométricos con precisión.

4. 4. Interpretación de datos: Este componente se centra en la capacidad de analizar e interpretar datos cuantitativos presentados en diversas formas, como tablas, gráficos y diagramas.

5. 5. Razonamiento matemático: La aptitud cuantitativa también implica la aplicación del razonamiento matemático y la lógica para resolver problemas, tomar decisiones y extraer conclusiones.

Importancia de la aptitud cuantitativa

La aptitud cuantitativa tiene una importancia inmensa:

1. Excelencia académica: El dominio de la aptitud cuantitativa es fundamental para el éxito en diversas disciplinas académicas, como las matemáticas, las ciencias, la ingeniería y la economía.

2. 2. Avance profesional: En entornos profesionales, la aptitud cuantitativa es muy valorada. Capacita a los individuos para analizar datos, tomar decisiones informadas y destacar en funciones que implican gestión financiera, análisis de datos, ingeniería, etc.

3. Conocimientos financieros: La toma de decisiones financieras, la elaboración de presupuestos y las inversiones dependen de la aptitud cuantitativa. Las personas con

fuertes habilidades numéricas pueden gestionar sus finanzas sabiamente y planificar su futuro.

4. Resolución de problemas: La aptitud cuantitativa mejora la capacidad de resolución de problemas. Permite abordar cuestiones complejas de forma sistemática y llegar a soluciones lógicas.

Desarrollo de la aptitud cuantitativa

Las estrategias para desarrollar y aplicar la aptitud cuantitativa incluyen:

1. La práctica: La práctica regular con problemas y ejercicios matemáticos es esencial para desarrollar la aptitud.

2. 2. Comprensión conceptual: Centrarse en la comprensión de los conceptos subyacentes en lugar de memorizar fórmulas.

3. 3. Aplicaciones reales: Aplicar las habilidades cuantitativas a situaciones del mundo real, como la elaboración de presupuestos, el cálculo de descuentos y el análisis de datos de noticias o investigaciones.

4. Recursos de estudio: Utiliza libros de texto, cursos online y exámenes de práctica para mejorar tus habilidades cuantitativas.

5. 5. Pensamiento crítico: Fomente el pensamiento crítico resolviendo problemas desde múltiples ángulos y buscando soluciones alternativas.

6. Práctica cronometrada: Practicar la resolución de problemas en condiciones cronometradas para mejorar la velocidad y la precisión.

La aptitud cuantitativa es una habilidad dinámica que capacita a las personas para enfrentarse a los retos numéricos de la vida moderna. Es una puerta de acceso al éxito académico, la promoción profesional y la toma de decisiones informadas. Al adoptar y perfeccionar esta habilidad, las personas pueden abordar los retos cuantitativos con confianza y competencia.

Conceptos matemáticos y fórmulas

El Examen de Calificación para Oficiales del Ejército del Aire (AFOQT) incluye una sección de matemáticas que evalúa su aptitud cuantitativa y sus habilidades para resolver problemas. Para sobresalir en esta sección, no sólo debes entender conceptos matemáticos clave, sino también ser experto en la aplicación de fórmulas relevantes. En este artículo, proporcionaremos una exploración en profundidad de conceptos matemáticos y fórmulas esenciales para el AFOQT, ilustrados con ejemplos prácticos.

1. Conceptos y fórmulas aritméticas:

Ejemplo 1: Suma y resta
- Concepto: Las operaciones aritméticas básicas son los componentes básicos de las matemáticas. La suma combina números, mientras que la resta encuentra la diferencia.
- Fórmula: $a + b = c$ (soma); $a - b = c$ (resta)
- Ejemplo: Si $a = 7$ y $b = 3$, ¿cuánto suman $a + b$ y $a - b$?
- Solución: $a + b = 7 + 3 = 10$; $a - b = 7 - 3 = 4$

Ejemplo 2: Porcentajes
- Concepto: Entender los porcentajes es vital para muchos cálculos del mundo real.
- Fórmula: Porcentaje = (Parte / Entero) × 100
- Ejemplo: ¿Cuánto es el 20% de 150?
- Solución: Porcentaje = (20 / 100) × 150 = 30

2. Conceptos algebraicos y fórmulas:

Ejemplo 3: Ecuaciones lineales
- Concepto: Las ecuaciones lineales involucran variables elevadas a la primera potencia.
- Fórmula: $ax + b = c$
- Ejemplo: Resuelve para x: $3x + 5 = 20$.
- Solución: $3x = 20 - 5 = 15$; $x = 15 / 3 = 5$

Ejemplo 4: Ecuaciones Cuadráticas
- Concepto: Las ecuaciones cuadráticas involucran variables elevadas a la segunda potencia.
- Fórmula: $ax^2 + bx + c = 0$
- Ejemplo: Resuelve para x: $x^2 - 4x + 3 = 0$.
- Solución: $(x - 3)(x - 1) = 0$; $x = 3$ ó $x = 1$

3. Conceptos y Fórmulas de Geometría:

Ejemplo 5: Área de un Rectángulo
- Concepto: Calcular el área de un rectángulo requiere multiplicar su largo y su ancho.
- Fórmula: Área = Largo × Ancho
- Ejemplo: ¿Cuál es el área de un rectángulo con un largo de 6 pulgadas y un ancho de 8 pulgadas?
- Solución: Área = 6 pulgadas × 8 pulgadas = 48 pulgadas cuadradas

Ejemplo 6: Volumen de un Cilindro
- Concepto: Hallar el volumen de un cilindro implica multiplicar el área de la base por la altura.
- Fórmula: Volumen = $\pi r^2 h$
- Ejemplo: Calcular el volumen de un cilindro de radio (r) 4 cm y altura (h) 10 cm.
- Solución: Volumen = $\pi \times (4 \text{ cm})^2 \times 10 \text{ cm} = 160\pi$ cm cúbicos.

4. Conceptos de estadística y probabilidad:

Ejemplo 7: Media, Mediana y Moda
- Concepto: Son medidas de tendencia central utilizadas para describir datos.
- Fórmulas:
  - Media = (Suma de Datos) / (Número de Puntos de Datos)
  - Mediana = Valor Medio (cuando los datos están ordenados)
  - Moda = Valor más frecuente
- Ejemplo: Calcular la media, mediana y moda del conjunto de datos: 3, 5, 6, 3, 7, 8.
- Solución: Media = (3 + 5 + 6 + 3 + 7 + 8) / 6 = 32 / 6 = 5,33 (redondeado);
Mediana = 5 (valor medio);
Moda = 3 (más frecuente).

Ejemplo 8: Probabilidad
- Concepto: La probabilidad cuantifica la posibilidad de que ocurra un suceso.
- Fórmula: Probabilidad (P) = (Número de resultados favorables) / (Número total de resultados)
- Ejemplo: ¿Cuál es la probabilidad de sacar un 3 en un dado de seis caras?
- Solución: P(sacar un 3) = 1/6

Estrategias para el éxito:

1. Practicar con regularidad: Practicar consistentemente problemas y conceptos matemáticos para construir competencia.
2. 2. Comprender los conceptos: No te limites a memorizar fórmulas; comprende los conceptos subyacentes.
3. Guías de estudio: Invierte en guías de estudio específicas para el AFOQT que cubran los conceptos matemáticos y proporcionen preguntas de práctica.
4. Gestión del tiempo: Durante el examen, administre su tiempo sabiamente; no se atasque en problemas difíciles.

5. Repasar y revisar: Después de las sesiones de práctica, revisa los errores y repasa los problemas difíciles.

Dominar los conceptos matemáticos y las fórmulas es fundamental para tener éxito en el AFOQT. Al desarrollar una base sólida y aplicar estrategias de estudio efectivas, abordarán la sección de matemáticas con confianza y precisión, mejorando tu rendimiento general en este examen crucial.

Ejemplos de preguntas

Pregunta 1: ¿Cuánto es el 20% de 150?

Solución 1:
Para hallar el 20% de 150, puedes utilizar la fórmula Porcentaje = (Parte / Entero) × 100.
Por lo tanto, Porcentaje = (20 / 100) × 150 = 30.

Pregunta 2: Si un coche viaja a una velocidad de 70 millas por hora (mph), ¿qué distancia recorrerá en 3,5 horas?

Solución 2:
Para hallar la distancia, utiliza la fórmula Distancia = Velocidad × Tiempo.
Distancia = 70 mph × 3,5 horas = 245 millas.

Pregunta 3: Si una computadora portátil cuesta originalmente $800 y está a la venta con un 15% de descuento, ¿cuál es el precio de venta de la computadora portátil?

Solución 3:
El 15% de 800 $ se puede calcular como (15/100) * 800 = 120 $.
Por tanto, el precio de venta es 800 $ - 120 $ = 680 $.

Pregunta 4: Resuelve para "x": $4x - 7 = 25$.

Solución 4:

Para aislar 'x', suma 7 a ambos lados de la ecuación:

4x = 25 + 7 = 32.

Ahora, divide ambos lados por 4:

x = 32 / 4 = 8.

Pregunta 5: Un jardín rectangular tiene una longitud de 15 metros y una anchura de 10 metros. Calcula su área.

Solución 5:

El área de un rectángulo viene dada por la fórmula Área = Longitud × Anchura.

Área = 15 metros × 10 metros = 150 metros cuadrados.

Pregunta 6: Si en una clase hay 60 alumnos y el 40% son chicos, ¿cuántas chicas hay?

Solución 6:

Para hallar el número de chicas, primero hay que hallar el número de chicos:

40% de 60 = (40/100) * 60 = 24 chicos.

Ahora, para hallar el número de chicas Total alumnos - Chicos = 60 - 24 = 36 chicas.

Pregunta 7: Resuelve para 'y': 3y + 4 = 19.

Solución 7:

Para aislar 'y', resta 4 a ambos lados de la ecuación:

3y = 19 - 4 = 15.

Ahora, divide ambos lados por 3:

y = 15 / 3 = 5.

Pregunta 8: Una tienda ofrece un descuento del 25% en un reloj de 200 $. ¿Cuál es el precio con descuento?

Solución 8:
El 25% de 200 $ es (25/100) * 200 = 50 $.
Por lo tanto, el precio con descuento es 200 $ - 50 $, = 150 $.

Pregunta 9: Si una caja contiene 36 manzanas y sacas 8 manzanas, ¿qué porcentaje de las manzanas has sacado?

Solución 9:
(8/36) * 100% = 22.22%.
Has cogido el 22,22% de las manzanas.

Pregunta 10: Tienes 1.000 $ para invertir, y ganas un tipo de interés anual del 4,5%. ¿Cuánto interés ganará en un año?

Solución 10:
Interés = Principal × Tasa = $1,000 × (4.5/100) = $45.
Ganará $45 en intereses en un año.

Estas preguntas cubren varios conceptos de aptitud cuantitativa y proporcionan soluciones paso a paso para una mejor comprensión. Practicarlas para mejorar tus habilidades de aptitud cuantitativa.

Sección 5:
Conocimientos de aviación y aeronáutica

La aviación y la aeronáutica, pilares gemelos del vuelo humano, han remodelado nuestro mundo conquistando los cielos. Este dinámico campo abarca la ciencia, la ingeniería y el arte del diseño, el funcionamiento y la navegación de las aeronaves. Desde el primer vuelo propulsado de los hermanos Wright hasta los más modernos reactores supersónicos y naves espaciales, los conocimientos sobre aviación y aeronáutica han impulsado la innovación y la conectividad. Comprender la aerodinámica, la normativa aeronáutica, la instrumentación de vuelo y la tecnología aeroespacial es fundamental. Este conocimiento no sólo nos impulsa hacia viajes aéreos más seguros y eficientes, sino que también impulsa la exploración más allá de los límites de nuestro planeta. En un sector en constante evolución, mantenerse informado sobre la aviación y la aeronáutica es la clave para volar hacia el futuro.

Visión general de los conocimientos de aviación

La aviación es un campo complejo y fascinante que abarca la ciencia, la tecnología y el arte de volar. Si usted es un piloto experimentado, un entusiasta de la aviación o simplemente siente curiosidad por el mundo del vuelo, es esencial que adquiera una visión general de los conocimientos de aviación. En esta guía, explicaremos los aspectos fundamentales del conocimiento de la aviación que forman la columna vertebral de un viaje aéreo seguro y eficiente.

1. Aerodinámica:
En el corazón de la aviación se encuentra el estudio de la aerodinámica, la ciencia de cómo el aire interactúa con los objetos en movimiento. Entender conceptos como sustentación, resistencia, empuje y peso es crucial para diseñar y pilotar aviones. Es aquí donde entran en juego los principios de la ecuación de Bernoulli y el efecto Coanda, que influyen en el rendimiento y la maniobrabilidad de las aeronaves.

2. Componentes de la aeronave:

El conocimiento de la aviación implica familiarizarse con los distintos componentes de una aeronave, desde el fuselaje y las alas hasta los sistemas de propulsión y el tren de aterrizaje. Aprender cómo funcionan conjuntamente estos elementos para lograr un vuelo controlado es esencial tanto para los pilotos como para los ingenieros aeronáuticos.

3. Instrumentos de vuelo:

Los pilotos se basan en una serie de instrumentos para navegar y controlar una aeronave. Entre ellos se incluyen altímetros, indicadores de velocidad aerodinámica, giroscopios y sistemas de navegación. Comprender cómo interpretar estos instrumentos es vital para mantener la seguridad y la precisión del vuelo.

4. 4. Espacio aéreo y reglamentación:

Es esencial que todos los profesionales de la aviación conozcan a fondo las clasificaciones del espacio aéreo, los procedimientos de control del tráfico aéreo y las normas de aviación. Este conocimiento garantiza que las aeronaves operen de forma segura y eficiente dentro del marco de las leyes de aviación nacionales e internacionales.

5. Meteorología aeronáutica:

La meteorología desempeña un papel fundamental en la aviación, ya que afecta a todos los aspectos, desde el despegue y el aterrizaje hasta la planificación del vuelo y la evitación de turbulencias. Los pilotos y el personal de aviación deben conocer los factores meteorológicos, las cartas meteorológicas y las previsiones para tomar decisiones informadas sobre las operaciones de vuelo.

6. 6. Rendimiento de la aeronave:

En el rendimiento de una aeronave influyen factores como el peso y el equilibrio, la eficiencia del grupo motopropulsor y la gestión del combustible. Saber calcular las distancias de despegue, las tasas de ascenso y el consumo de combustible es vital para la planificación del vuelo y la seguridad.

7. 7. Navegación y comunicación:
La navegación a través del espacio aéreo y la comunicación con el control del tráfico aéreo son habilidades fundamentales para los pilotos. Los conocimientos de aviación abarcan el uso de ayudas a la navegación, cartas y procedimientos de radio para garantizar operaciones de vuelo precisas y seguras.

8. Historia e innovaciones de la aviación:
Explorar la rica historia de la aviación revela la evolución del diseño de las aeronaves, desde el primer vuelo propulsado de los hermanos Wright hasta los modernos reactores supersónicos y la exploración espacial. Comprender el pasado allana el camino para apreciar las innovaciones que han dado forma a la aviación hasta convertirla en lo que es hoy.

9. Procedimientos de seguridad y emergencia:
Los conocimientos de aviación se extienden a los protocolos de seguridad y los procedimientos de emergencia. Los pilotos y el personal de aviación están entrenados para manejar diversas emergencias en vuelo, haciendo hincapié en la seguridad de los pasajeros por encima de todo.

10. 10. Tendencias futuras y sostenibilidad:
A medida que la aviación sigue evolucionando, es crucial mantenerse informado sobre las tecnologías emergentes, las prácticas de aviación sostenibles y los retos de reducir el impacto medioambiental. El futuro de la aviación pasa por avances como la propulsión eléctrica, el vuelo autónomo y los combustibles sostenibles.

El conocimiento de la aviación es un campo dinámico que combina principios científicos, ingenio en ingeniería y un profundo aprecio por la maravilla del vuelo. Tanto si aspira a convertirse en piloto, como si trabaja en el mantenimiento de aeronaves o simplemente le apasiona la aviación, esta visión general le servirá de punto de partida para adentrarse en el cautivador mundo de la aviación. Es un reino donde el cielo no es el límite, sino más bien el principio de un sinfín de posibilidades en el ámbito de la exploración y la innovación humanas.

Tipos de aeronaves y terminología

Entender los tipos de aeronaves y su terminología puede ser una tarea desalentadora, pero no tiene por qué serlo. Esta guía simplificada desmenuza la jerga, haciéndola accesible a cualquier persona interesada en la aviación. Tanto si es un aficionado ocasional como un aspirante a piloto, esta visión general le ayudará a navegar por el variado mundo de las aeronaves.

1. Aviones comerciales:
   - Aviones de pasajeros: Son grandes aviones de pasajeros diseñados para viajes comerciales. Incluyen aviones de fuselaje estrecho y de fuselaje ancho.
   - Aviones regionales: Aviones más pequeños utilizados para rutas más cortas y vuelos de conexión.

2. Aviación general:
   - Monomotores: Aviones pequeños con un solo motor, utilizados a menudo para viajes personales o de negocios.
   - Multimotor: Aviones con varios motores, que proporcionan mayor seguridad y rendimiento.
   - Aviones deportivos ligeros (LSA): Aviones simplificados, más pequeños, adecuados para pilotos recreativos.

3. Aviones militares:
   - Cazas: Aviones de alto rendimiento diseñados para el combate aire-aire.
   - Bombarderos: Aviones diseñados para misiones de bombardeo de largo alcance.

- Transporte: Utilizados para transportar tropas, material y carga.
- Helicópteros: Aeronave de rotor versátil utilizada para diversas funciones militares.

4. Helicópteros:
- Rotor: Aeronaves que utilizan palas giratorias para generar sustentación.
- Helipuertos: Instalaciones de aterrizaje especializadas para helicópteros en zonas urbanas.

5. Aviones civiles y de recreo:
- Ultraligeros: Aviones pequeños, ligeros y sencillos utilizados para el vuelo recreativo.
- Planeadores: Aviones sin motor que se elevan gracias a las corrientes térmicas.
- Hidroaviones: Aviones diseñados para despegar y aterrizar sobre el agua.

6. Aviones especializados:
- Agrícolas: Utilizados para la fumigación de cultivos y aplicaciones agrícolas.
- Evacuación médica (Medevac): Equipado para transporte médico y respuesta a emergencias.
- Lucha contra incendios: Adaptado para la extinción aérea de incendios y el lanzamiento de retardantes del fuego.

Comprensión de la terminología aeronáutica:
- Envergadura: Distancia entre los extremos de las alas.
- Fuselaje: El cuerpo principal del avión, donde se alojan los pasajeros y la carga.
- Aleta de cola: Estabilizador vertical situado en la parte trasera del avión.
- Cabina de pilotaje: La sección delantera donde los pilotos controlan el avión.
- Hélices: Palas giratorias que proporcionan empuje en los motores de pistón y turbohélice.
- Motores a reacción: Motores que utilizan aire comprimido y combustible para la propulsión.

- Turbinas: Motores que utilizan álabes giratorios de alta velocidad para generar energía.

Consejos para facilitar la comprensión:
- Ayudas visuales: Utilizar guías de identificación de aeronaves y recursos en línea con imágenes.
- Comparar y contrastar: Comparar aeronaves de la misma categoría para comprender las diferencias.
- Acrónimos: Aprende acrónimos comunes de aviación, como "ATR" para "Advanced Turbo Prop".
- Visitar aeropuertos: Observe distintos tipos de aviones en los aeropuertos locales.

Navegar por los tipos de aeronaves y su terminología es un viaje apasionante por el mundo de la aviación. Empiece poco a poco, explore gradualmente y recuerde que el aprendizaje es un vuelo sin límite de altitud. Tanto si está identificando aviones desde su asiento de la ventanilla como si está haciendo carrera en la aviación, esta guía simplificada es su pasaporte para comprender la diversa familia de aviones que adornan nuestros cielos.

Ejemplos de preguntas

Pregunta 1: ¿Cuál es la función principal de las alas de una aeronave?
Respuesta 1: La función principal de las alas de una aeronave es generar sustentación, lo que permite que la aeronave se eleve y mantenga el vuelo.

Pregunta 2: ¿Cómo se denomina el ángulo entre la línea de cuerda del ala de una aeronave y el aire que se aproxima?
Respuesta 2: El ángulo entre la línea de cuerda del ala de una aeronave y el aire que se aproxima se denomina "ángulo de ataque".

Pregunta 3: ¿Cuál es la medida estándar de velocidad aerodinámica utilizada en aviación para medir la velocidad de una aeronave en el aire?

Respuesta 3: La medida estándar de velocidad aerodinámica utilizada en aviación es "nudos" (millas náuticas por hora).

Pregunta 4: En aviación, ¿para qué sirve el altímetro?

Respuesta 4: El altímetro se utiliza para medir la altitud de una aeronave por encima de un punto de referencia, normalmente el nivel del mar.

Pregunta 5: ¿Qué significan las siglas "ATC" en aviación?

Respuesta 5: "ATC" significa Control del Tráfico Aéreo, que se encarga de gestionar el flujo seguro y ordenado del tráfico aéreo.

Pregunta 6: ¿Qué significa la "caja negra" en aviación?

Respuesta 6: La "caja negra" (registrador de datos de vuelo y registrador de voz de cabina) es crucial para investigar accidentes e incidentes, ya que proporciona datos y grabaciones de audio de la aeronave.

Pregunta 7: ¿Para qué sirven los alerones de un avión?

Respuesta 7: Los alerones son superficies de control en las alas que se utilizan para controlar el balanceo de una aeronave, permitiéndo se inclinarse y girar.

Pregunta 8: En aviación, ¿qué significa "VFR"?

Respuesta 8: "VFR" significa Visual Flight Rules (Reglas de Vuelo Visual), que son normas que permiten a los pilotos operar basándose en referencias visuales.

Pregunta 9: ¿Cómo se denomina la línea imaginaria que va desde el morro del avión hasta la cola, dividiéndolo en dos mitades iguales?

Respuesta 9: La línea imaginaria que divide una aeronave en dos mitades iguales desde el morro hasta la cola se denomina "línea central".

Pregunta 10: ¿Cuál es el objetivo principal de la Administración Federal de Aviación (FAA) en Estados Unidos?

Respuesta 10: El objetivo principal de la FAA es regular y supervisar la aviación civil para garantizar la seguridad, la eficiencia y la responsabilidad medioambiental.

Estas preguntas cubren una serie de temas de aviación y pueden servir como punto de partida para poner a prueba sus conocimientos de aviación o para preparar exámenes de aviación.

Sección 6:
Comprensión de los instrumentos

La comprensión de los instrumentos es una destreza crítica en la aviación, que garantiza que los pilotos puedan operar aeronaves con seguridad en una amplia gama de condiciones. Implica la capacidad de comprender e interpretar datos de diversos instrumentos de vuelo, como altímetros, indicadores de velocidad aerodinámica y sistemas de navegación. Los pilotos confían en estos instrumentos para mantener la altitud, el rumbo y la velocidad aerodinámica adecuados. En situaciones meteorológicas adversas o de baja visibilidad, la comprensión de los instrumentos es aún más vital. Permite a los pilotos navegar con precisión, tomar decisiones informadas y garantizar la seguridad de los pasajeros y la tripulación. El dominio de estos instrumentos es la piedra angular del dominio de la aviación y permite a los pilotos surcar los cielos con confianza.

Visión general de la comprensión de los instrumentos

La comprensión de los instrumentos es una habilidad fundamental para los pilotos, que les permite operar aeronaves de forma segura interpretando y respondiendo a los datos mostrados en los instrumentos de la cabina de vuelo. Esta completa guía ofrece una visión clara de los aspectos esenciales de la comprensión de los instrumentos, desde la comprensión de los instrumentos de vuelo primarios hasta el dominio de los sistemas avanzados de aviónica.

1. Instrumentos de vuelo primarios:
   - Altímetro: Indica la altitud de la aeronave sobre el nivel del mar.
   - Indicador de velocidad aerodinámica: Muestra la velocidad de la aeronave en el aire.
   - Indicador de Actitud (Horizonte Artificial): Indica el cabeceo y balanceo de la aeronave.
   - Indicador de rumbo (brújula): Indica el rumbo de la aeronave.
   - Indicador de velocidad vertical: Indica la velocidad de ascenso o descenso.

2. Instrumentos de navegación:
   - GPS (Sistema de Posicionamiento Global): Utiliza señales de satélite para proporcionar datos precisos de localización.
   - VOR (alcance omnidireccional VHF): Ayuda en el seguimiento de rumbos radiales.
   - ADF (Radiogoniómetro automático): Determina la dirección de una señal de radio terrestre.
   - HSI (Indicador de Situación Horizontal): Combina información de rumbo y navegación.

3. Instrumentos del motor:
   - Tacómetro: Mide las RPM (revoluciones por minuto) del motor.
   - Manómetro del colector: Controla la potencia del motor.
   - Indicador de flujo de combustible: Muestra la tasa de consumo de combustible.
   - EGT (Temperatura de los gases de escape): Indica la temperatura del motor.

4. Aviónica avanzada:
   - Glass Cockpit: Sustituye los indicadores tradicionales por pantallas digitales.
   EFIS (Sistema electrónico de instrumentos de vuelo): Proporciona datos de vuelo integrados.
   - TCAS (Sistema anti colisión de tráfico): Alerta a los pilotos de posibles conflictos de tráfico.
   - Radar meteorológico: Detecta y muestra las condiciones meteorológicas.

5. Reglas de vuelo por instrumentos (IFR):
   - Comprender los procedimientos y las cartas IFR es vital para volar en condiciones meteorológicas adversas y confiar únicamente en los instrumentos.

6. 6. Formación y competencia:

- La formación en instrumentos es una parte obligatoria de la educación de un piloto, garantizando que pueda navegar con seguridad utilizando únicamente instrumentos.
- Los controles regulares de competencia y la formación recurrente son esenciales para mantener las habilidades de comprensión de los instrumentos.

7. 7. Situaciones de emergencia:
- Los pilotos deben estar preparados para manejar fallos de instrumentos o indicaciones de instrumentos poco fiables con la formación y los procedimientos adecuados.

8. 8. Factores humanos:
- Es crucial comprender los aspectos psicológicos y fisiológicos del vuelo por instrumentos, ya que difiere del vuelo visual.

9. 9. Recursos y referencias:
- Los pilotos confían en las cartas de aproximación por instrumentos, los manuales de vuelo y la documentación de a bordo para los procedimientos por instrumentos.

10. 10. Aprendizaje continuo:
- La industria de la aviación evoluciona continuamente con los avances en aviónica. Mantenerse actualizado con la última tecnología es esencial para la comprensión de los instrumentos.

La comprensión de los instrumentos es una piedra angular de la seguridad aérea, que permite a los pilotos navegar con confianza en condiciones difíciles. Garantiza que, incluso cuando la visibilidad es limitada o las nubes oscurecen el horizonte, los pilotos puedan confiar en sus instrumentos para tomar decisiones informadas y mantener los vuelos seguros y en curso.

Interpretar los instrumentos de vuelo

Comprender los instrumentos de vuelo es crucial para cualquiera que esté aprendiendo a volar, ya sea un estudiante de piloto o un entusiasta de la aviación. Esta guía para principiantes desglosa los instrumentos de vuelo esenciales que se encuentran en la mayoría de las aeronaves y explica cómo interpretarlos de forma directa y comprensible.

1. Los seis instrumentos de vuelo principales:

- Indicador de Velocidad Aérea (ASÍ): Este instrumento muestra la velocidad aerodinámica de la aeronave en nudos. Le ayuda a mantener la velocidad adecuada en las distintas fases del vuelo, como el despegue, el aterrizaje y el vuelo de crucero. Las velocidades más bajas son críticas durante el despegue y el aterrizaje para garantizar un vuelo seguro.

- Altímetro: El altímetro mide la altitud del avión por encima de un punto de referencia, normalmente el nivel del mar. Muestra la altitud en pies. Cuando ajuste el altímetro, utilice la presión actual a nivel del mar para garantizar lecturas precisas. Durante el vuelo, los cambios de altitud deben coordinarse con la velocidad del aire para mantener un vuelo seguro.

- Indicador de actitud (AI): El indicador de actitud, también conocido como horizonte artificial, muestra la actitud de cabeceo y balanceo de la aeronave en relación con el horizonte. Le ayuda a mantener un vuelo nivelado, realizar giros y ascensos y descensos sin depender únicamente de referencias visuales.

- Indicador de rumbo (HI): El indicador de rumbo, también llamado girocompás, muestra la dirección de desplazamiento de la aeronave. No tiene en cuenta las variaciones magnéticas, por lo que tendrá que corregirlo periódicamente utilizando una lectura de brújula magnética.

- Indicador de velocidad vertical (VSI): El indicador de velocidad vertical indica la velocidad de ascenso o descenso en pies por minuto. Es especialmente útil durante las fases de ascenso y descenso del vuelo. Un VSI nivelado indica vuelo nivelado, mientras que una lectura positiva indica ascenso y una lectura negativa indica descenso.

- Coordinador de viraje: El coordinador de viraje muestra la velocidad de viraje y le ayuda a mantener el vuelo coordinado. El vuelo coordinado garantiza el equilibrio de la aeronave y reduce el riesgo de entrar en pérdida o hacer un trompo. El avión en miniatura en el instrumento representa la posición de su aeronave en el viraje.

2. Interpretación básica:

- Vuelo nivelado: En vuelo nivelado, el IA debe mostrar la línea del horizonte alineada con el horizonte artificial. El altímetro debe permanecer constante y el indicador de rumbo debe reflejar la dirección deseada.

- Ascenso: Al ascender, el VSI muestra una tasa de ascenso positiva y la IA muestra una actitud de cabeceo ascendente. El altímetro y el indicador de rumbo cambiarán en consecuencia.

- Descendiendo: Durante el descenso, el VSI indica una tasa de ascenso negativa y la IA muestra una actitud de cabeceo descendente. De nuevo, el altímetro y el indicador de rumbo cambiarán con el descenso.

- Girando: En un viraje, el avión en miniatura del coordinador de viraje debe inclinarse hacia la izquierda o la derecha, indicando la dirección del viraje. La IA mostrará una actitud inclinada, y el indicador de rumbo cambiará al girar.

3. 3. Comprobación cruzada de instrumentos:

- Para garantizar lecturas precisas, compruebe los instrumentos con frecuencia. Por ejemplo, al ascender, verifique que el VSI indica un ascenso, el altímetro está aumentando y la IA muestra una actitud de cabeceo ascendente.

4. Consejos finales:

- La práctica es clave para dominar los instrumentos de vuelo. Considere tomar lecciones con un instructor de vuelo certificado para adquirir experiencia práctica y orientación.
- Preste atención a las exploraciones de los instrumentos, asegurándose de comprobar todos los instrumentos con regularidad.
- Familiarícese con las interpretaciones de los instrumentos para las diferentes fases del vuelo, como el despegue, el aterrizaje y el vuelo de crucero.

La interpretación de los instrumentos de vuelo puede parecer compleja al principio, pero con práctica y paciencia se convierte en algo natural. Estos instrumentos son sus guías para un vuelo seguro y controlado, lo que los convierte en herramientas indispensables para cualquier piloto, ya sea principiante o experimentado.

Ejemplos de preguntas

Pregunta 1: ¿Cuál es la función principal del altímetro y cómo funciona?

Respuesta 1: El objetivo principal del altímetro es medir la altitud de una aeronave por encima de un punto de referencia, normalmente el nivel del mar. Funciona detectando los cambios en la presión atmosférica a medida que la aeronave asciende o desciende. Una disminución de la presión indica un aumento de la altitud, y viceversa.

Pregunta 2: Explique cómo funciona el indicador de velocidad aerodinámica (ASÍ) y por qué es importante durante las diferentes fases del vuelo.

Respuesta 2: El indicador de velocidad aerodinámica mide la velocidad de la aeronave en el aire. Funciona comparando la presión dinámica (presión del aire del ariete) con la presión estática del sistema pitot-estático. Es crucial durante el despegue, el aterrizaje y el vuelo de crucero para mantener velocidades aerodinámicas seguras y evitar entrar en pérdida o sobrevelocidad.

Pregunta 3: Describa el indicador de actitud (IA) y su papel en el mantenimiento del vuelo nivelado. Proporcione un ejemplo de lo que muestra durante un ascenso.

Respuesta 3: El indicador de actitud, u horizonte artificial, muestra la actitud de cabeceo y balanceo de la aeronave con respecto al horizonte. Para mantener el vuelo nivelado, la IA debe mostrar la línea del horizonte alineada con el horizonte artificial. Durante un ascenso, mostrará una actitud de cabeceo ascendente.

Pregunta 4: ¿En qué se diferencia el indicador de rumbo de la brújula magnética y por qué es ventajoso en vuelo?

Respuesta 4: El indicador de rumbo, también conocido como girocompás, muestra la dirección de desplazamiento de la aeronave basándose en principios giroscópicos. No requiere corrección por variaciones magnéticas y proporciona lecturas más estables, lo que lo hace ventajoso para mantener la precisión del rumbo.

Pregunta 5: Explique la función del indicador de velocidad vertical y por qué es esencial durante el ascenso y el descenso.

Respuesta 5: El indicador de velocidad vertical (VSI) mide la velocidad de ascenso o descenso en pies por minuto. Es vital durante las fases de ascenso y descenso para garantizar un perfil vertical seguro y controlado. Una lectura positiva del VSI indica un ascenso, mientras que una lectura negativa indica un descenso.

Pregunta 6: ¿Cómo ayuda el coordinador de viraje a mantener un vuelo coordinado y cuál es el significado del símbolo del avión en miniatura en este instrumento?

Respuesta 6: El coordinador de viraje ayuda a mantener el vuelo coordinado indicando la velocidad de viraje. El símbolo del avión en miniatura representa la posición de la aeronave en el viraje; debe inclinarse hacia la izquierda o la derecha para indicar la dirección del viraje.

Pregunta 7: Durante el vuelo nivelado, ¿qué debe observar en el indicador de actitud, el altímetro y el indicador de velocidad aerodinámica para garantizar el control adecuado de la aeronave?

Respuesta 7: En vuelo nivelado, el indicador de actitud debe mostrar la línea del horizonte alineada con el horizonte artificial. El altímetro debe permanecer constante y el indicador de velocidad aérea debe reflejar la velocidad de vuelo nivelada deseada.

Pregunta 8: Describa la importancia de comprobar los instrumentos de vuelo y proporcione un ejemplo de cómo podría comprobar el altímetro y el indicador de velocidad vertical durante un ascenso.

Respuesta 8: La comprobación cruzada de los instrumentos garantiza lecturas precisas. Por ejemplo, durante un ascenso, debe observar que el altímetro indique un aumento de altitud y que el indicador de velocidad vertical muestre una tasa de ascenso positiva. Esta comprobación cruzada confirma un ascenso seguro y coordinado.

Pregunta 9: ¿Cómo puede utilizar el indicador de rumbo junto con una brújula magnética para mantener un rumbo preciso durante el vuelo?

Respuesta 9: Puede cotejar periódicamente el indicador de rumbo con la lectura de una brújula magnética para corregir los errores de precesión giroscópica. Ajuste el indicador de rumbo para que coincida con la lectura del compás magnético para mantener un rumbo preciso.

Pregunta 10: Explique la importancia de las exploraciones de instrumentos y por qué son esenciales para un vuelo seguro. Proporcione un ejemplo de un patrón típico de exploración de instrumentos.

Respuesta 10: Las exploraciones de instrumentos implican la comprobación periódica de todos los instrumentos de vuelo para garantizar que la aeronave se encuentra en un estado controlado. Un patrón de escaneo típico puede incluir la comprobación del indicador de actitud, el indicador de rumbo, el indicador de velocidad aerodinámica, el altímetro y el indicador de velocidad vertical en un ciclo continuo para controlar los parámetros de vuelo críticos.

Recuerde que la práctica y la familiaridad con estos instrumentos son esenciales para interpretarlos eficazmente durante el vuelo. Comprender sus funciones y saber cómo cotejar e interpretar las lecturas de los instrumentos es vital para una aviación segura y controlada.

Sección 7.
Juicio situacional

El juicio situacional implica la capacidad de evaluar y responder eficazmente a situaciones de la vida real. Es el arte de tomar decisiones informadas cuando nos enfrentamos a diversos retos, tanto en contextos personales como profesionales. Esta habilidad requiere empatía, pensamiento crítico y conciencia ética. Al evaluar las situaciones desde diversos ángulos, las personas pueden tomar decisiones que se ajusten a sus valores y objetivos. El juicio situacional es una brújula para la toma de decisiones éticas y prácticas, que nos guía por el complejo terreno de las elecciones de la vida. Ya sea en el liderazgo, el trabajo en equipo o la vida cotidiana, el dominio de esta habilidad permite a las personas navegar por las encrucijadas con sabiduría e integridad.

Visión general del juicio situacional

El juicio situacional es una valiosa habilidad que capacita a las personas para evaluar y responder eficazmente a una amplia gama de situaciones de la vida real. Implica la capacidad de tomar decisiones informadas basadas en el contexto, consideraciones éticas y una profunda comprensión de las posibles consecuencias. Este resumen proporciona información sobre los fundamentos del juicio situacional, su importancia en diversos aspectos de la vida y los pasos prácticos para desarrollar y mejorar esta habilidad.

1. Entender el juicio situacional:

   - Definición: El juicio situacional es el proceso de evaluar y responder a situaciones, dilemas o desafíos considerando múltiples factores, incluyendo el contexto, los principios éticos y los resultados deseados.

2. 2. Elementos clave del juicio situacional:

- Contexto: Reconocer las circunstancias específicas y las variables en juego en una situación dada.

- Consideraciones éticas: Sopesar las implicaciones morales y los principios éticos implicados.

- Toma de decisiones: Elegir un curso de acción basado en un análisis reflexivo de la situación.

3. 3. Importancia del juicio situacional:

- Liderazgo eficaz: Los líderes se enfrentan a menudo a decisiones complejas que afectan a sus equipos y organizaciones. Un juicio situacional sólido permite a los líderes tomar decisiones acertadas que se alinean con su visión y sus valores.

- Resolución de conflictos: En las relaciones personales y profesionales, el juicio situacional ayuda a resolver conflictos y a encontrar soluciones mutuamente beneficiosas.

- Toma de decisiones éticas: Es fundamental para defender las normas éticas, promover la integridad y mantener la confianza en diversos entornos.

- Gestión de riesgos: El juicio situacional ayuda a las personas a evaluar y mitigar los riesgos tomando decisiones informadas en situaciones de alto riesgo.

- Adaptabilidad: En un mundo en constante cambio, el juicio situacional permite la adaptabilidad ayudando a los individuos a ajustarse a nuevas circunstancias y tomar decisiones oportunas.

4. Desarrollar el juicio situacional:

- Aumentar la conciencia: Cultivar la conciencia de uno mismo para comprender sus valores, prejuicios y tendencias en la toma de decisiones.

- Análisis de escenarios: Practicar la evaluación de situaciones hipotéticas, teniendo en cuenta el contexto, las implicaciones éticas y los posibles resultados.

- Marcos éticos: Familiarizarse con los principios y marcos éticos, como el utilitarismo, la deontología y la ética de la virtud.

- Retroalimentación y reflexión: Busque retroalimentación sobre sus procesos de toma de decisiones y reflexione sobre elecciones pasadas para identificar áreas de mejora.

- Modelos: Observe a individuos con un fuerte juicio situacional y aprenda de sus enfoques ante situaciones complejas.

5. Aplicar el juicio situacional:

- En el liderazgo: Los líderes eficaces demuestran su juicio situacional tomando decisiones que benefician a sus equipos y organizaciones a largo plazo.

- En la resolución de conflictos: Desempeña un papel fundamental en la resolución de disputas y en la búsqueda de soluciones mutuamente aceptables.

- En los dilemas éticos: Las personas que se enfrentan a dilemas morales recurren al juicio situacional para elegir acciones éticamente correctas.

- En la resolución de problemas: Ayuda a identificar soluciones óptimas a retos en diversos ámbitos.

El juicio situacional es una habilidad inestimable que mejora la toma de decisiones, promueve el comportamiento ético y fomenta la adaptabilidad. A medida que las personas desarrollan y perfeccionan esta habilidad, están mejor equipadas para navegar por las complejidades de la vida con sabiduría e integridad, influyendo positivamente en sí mismas y en el mundo que las rodea.

Estrategias de toma de decisiones

La toma de decisiones eficaz y el juicio situacional son habilidades vitales esenciales que capacitan a las personas para elegir con conocimiento de causa, resolver problemas y desenvolverse en situaciones complejas. Esta completa guía explora diversas estrategias para la toma de decisiones y proporciona ideas sobre cómo aplicarlas eficazmente en diferentes situaciones.

1. Entender la toma de decisiones:

   - Definición: La toma de decisiones es el proceso de seleccionar el mejor curso de acción entre múltiples alternativas basadas en una cuidadosa evaluación y análisis.

2. 2. Tipos de toma de decisiones:

   - Toma de decisiones racional: Implica la evaluación sistemática, el análisis de pros y contras y la consideración de la información disponible.

   - Toma de decisiones intuitiva: Se basa en intuiciones, experiencias pasadas e instintos personales para emitir juicios rápidos.

   - Toma de decisiones colaborativa: Implica buscar la opinión de otros para tomar decisiones colectivas, promoviendo diversas perspectivas.

3. 3. Estrategias de toma de decisiones:

- Identificar el problema: Definir claramente la cuestión o el reto que hay que abordar.

- Recopilar información: Recopilar datos, hechos y perspectivas pertinentes para fundamentar la decisión.

- Generar alternativas: Haga una lluvia de ideas y explore varias soluciones o líneas de actuación posibles.

- Evalúe las alternativas: Evaluar los pros y los contras de cada opción, teniendo en cuenta factores como la viabilidad, las implicaciones éticas y las consecuencias.

- Tomar una decisión: Elige la mejor alternativa basándote en tu análisis.

- Poner en práctica la decisión: Poner en práctica el curso de acción elegido.

- Evaluar los resultados: Reflexiona sobre los resultados de tu decisión y aprende de la experiencia.

4. Aplicar el juicio situacional:

- Evaluar el contexto: Considera las circunstancias específicas, las partes implicadas y las posibles consecuencias de tu decisión.

- Consideraciones éticas: Evalúa las implicaciones éticas de la decisión y alinéate con tus valores y principios.

- Adaptabilidad: Prepárate para ajustar tu decisión si la situación evoluciona o surge nueva información.

- Resolución de conflictos: Utilizar el juicio situacional para resolver conflictos buscando puntos en común y soluciones mutuamente beneficiosas.

- Liderazgo: Emplee un juicio situacional efectivo en roles de liderazgo para guiar a su equipo hacia resultados exitosos.

5. Mejorar la toma de decisiones y el juicio situacional:

- Pensamiento crítico: Desarrollar habilidades de pensamiento crítico para analizar la información objetivamente y tomar decisiones bien informadas.

- Inteligencia emocional: Cultivar la inteligencia emocional para comprender y gestionar las propias emociones y las de los demás durante la toma de decisiones.

- Autoconciencia: Reflexiona continuamente sobre tus procesos de toma de decisiones, tus prejuicios y tus áreas de mejora.

- Retroalimentación: Busca la opinión de compañeros, mentores o colegas para obtener diferentes perspectivas sobre tus decisiones.

- Practicar: Practica regularmente la toma de decisiones abordando escenarios complejos y evaluando los resultados.

6. Aplicación en la vida real:

- En entornos profesionales: Aplicar la toma de decisiones eficaz y el juicio situacional para sobresalir en su carrera, resolver retos relacionados con el trabajo y dirigir equipos de manera eficiente.

- En la vida personal: Utilizar estas habilidades para tomar decisiones personales, manejar conflictos y mantener relaciones sanas.

- En dilemas éticos: Enfréntate a dilemas morales con integridad y conciencia ética, asegurándose de que tus elecciones se ajustan a tus valores.

La toma de decisiones eficaz y el juicio situacional son habilidades para toda la vida que evolucionan continuamente con la práctica y el autoconocimiento. Mediante el empleo de diversas estrategias de toma de decisiones y la aplicación coherente del juicio situacional, las personas pueden navegar con confianza por las encrucijadas de la vida, tomar decisiones acertadas y contribuir positivamente a sus esferas personales y profesionales.

Ejemplos de escenarios

Aquí hay 10 escenarios de muestra para la Prueba de Juicio Situacional para un candidato a Oficial de la Fuerza Aérea, junto con consideraciones y acciones sugeridas:

Escenario 1: Liderazgo

Situación: Usted es el líder de un equipo al que se le ha encomendado una misión urgente. Un miembro del equipo se retrasa constantemente, poniendo en peligro el éxito de la misión.

Consideraciones:
- La cohesión y la moral del equipo.
- La urgencia de la misión.

Acción:
Reunirse en privado con el miembro del equipo con problemas para comprender sus dificultades, ofrecerle apoyo y proporcionarle recursos o formación adicionales si fuera

necesario. Asegurarse de que otros miembros del equipo cubren temporalmente los aspectos críticos de la misión.

Escenario 2: Dilema ético

Situación: Recibe una orden que contradice sus principios éticos y que podría perjudicar a civiles inocentes.

Consideraciones:
- Valores y principios éticos.
- Consecuencias de seguir o desobedecer órdenes.

Acción:
Pida aclaraciones o comente sus preocupaciones con oficiales de mayor rango o superiores. Explora cursos de acción alternativos que estén en consonancia con tu ética y minimicen el daño.

Escenario 3: Trabajo en equipo

Situación: Su equipo está trabajando en un proyecto complejo, y hay desacuerdo entre los miembros del equipo sobre el mejor enfoque para proceder.

Consideraciones:
- Dinámica y colaboración del equipo.
- Objetivos y plazos del proyecto.

Acción:
Facilitar una discusión en equipo para reunir diversas perspectivas, encontrar puntos en común y establecer un plan de acción consensuado que se alinee con los objetivos del proyecto.

Escenario 4: Asignación de recursos

Situación: Su unidad tiene recursos limitados, y hay competencia por esos recursos entre diferentes equipos.

Consideraciones:
- Justicia y equidad en la asignación de recursos.
- El impacto en el éxito de la misión.

Acción:
Colaborar con otros jefes de unidad para distribuir equitativamente los recursos en función de las prioridades de la misión y las necesidades de cada equipo. Comunicar con transparencia los fundamentos de las decisiones de asignación.

Escenario 5: Gestión de crisis

Situación: Su base se enfrenta a una crisis inesperada (por ejemplo, un desastre natural, una violación de la seguridad).

Consideraciones:
- Rapidez en la toma de decisiones.
- Salvaguardar vidas y bienes.

Acción:
Activar el plan de respuesta a la crisis, asignar responsabilidades y comunicarse claramente con todas las partes implicadas. Dar prioridad a las medidas de seguridad y protección mientras se coordinan los esfuerzos de socorro.

Escenario 6: Resolución de conflictos

Situación: Dos miembros de su equipo están enzarzados en una acalorada discusión que está perturbando la cohesión del equipo.

Consideraciones:
- Mantener un ambiente de equipo armonioso.
- Abordar las causas profundas del conflicto.

Acción:
Celebrar reuniones privadas con las dos personas implicadas para conocer sus puntos de vista. Facilitar una discusión constructiva entre ellos y trabajar hacia una resolución que restablezca la armonía del equipo.

Escenario 7: Gestión del tiempo

Situación: Usted está haciendo malabares con múltiples responsabilidades y fechas límite, y es un reto manejar su carga de trabajo de manera efectiva.

Consideraciones:
- Priorización de tareas.
- Cumplir los plazos sin comprometer la calidad.

Medidas:
Elabore una lista de tareas priorizadas, delegue cuando sea posible y céntrese en completar primero los elementos de mayor prioridad. Buscar ayuda u orientación si es necesario para gestionar la carga de trabajo de forma eficaz.

Escenario 8: Formación y desarrollo

Situación: Su equipo necesita formación adicional para mejorar sus habilidades, pero el tiempo y los recursos disponibles son limitados.

Consideraciones:
- Carencias de competencias y necesidades de formación.
- Limitaciones presupuestarias y de tiempo.

Medidas:
Identifique las necesidades de formación más críticas y explore soluciones rentables, como recursos en línea o formación interna. Desarrollar un plan de formación por fases que aborde las necesidades inmediatas al tiempo que planifica la mejora de las competencias a largo plazo.

Escenario 9: Ruptura de la comunicación

Situación: La falta de comunicación ha provocado un malentendido entre usted y un oficial superior.

Consideraciones:
- Mantener una comunicación respetuosa.
- Aclarar rápidamente los malentendidos.

Acción:
Programa una reunión privada con el oficial superior para discutir la situación, expresar tu punto de vista respetuosamente y pedir aclaraciones sobre sus expectativas. Concéntrate en resolver el malentendido en colaboración.

Escenario 10: Protocolo de seguridad

Situación: Usted observa que un miembro del equipo hace caso omiso de los protocolos de seguridad durante una misión, lo que podría dar lugar a riesgos potenciales.

Consideraciones:
- Seguridad del personal y del equipo.
- Cumplimiento de los procedimientos establecidos.

Acción:
Abordar inmediatamente el comportamiento del miembro del equipo, recordando los protocolos de seguridad y las posibles consecuencias de su incumplimiento. Informe del incidente a la cadena de mando apropiada si es necesario y haga hincapié en la importancia de la seguridad para el éxito de la misión.

Estos ejemplos de situaciones y acciones sugeridas reflejan los tipos de desafíos y decisiones que un oficial del Ejército del Aire puede encontrar. Un juicio situacional efectivo en estas situaciones es crucial para el éxito de la misión, la cohesión del equipo y el liderazgo ético.

Conclusión

El Examen de Calificación para Oficiales de la Fuerza Aérea (AFOQT) es un hito importante en el camino para convertirse en oficial de la Fuerza Aérea. Evalúa una amplia gama de habilidades y conocimientos esenciales para el liderazgo, la toma de decisiones críticas y la excelencia en los campos de la aviación y militar. El éxito en el AFOQT requiere una preparación diligente, una comprensión profunda de sus diversas secciones, y el desarrollo de habilidades cruciales como el juicio situacional, la toma de decisiones eficaz, y la conciencia ética.

Los aspirantes a oficiales no sólo deben sobresalir en sus conocimientos técnicos, sino también demostrar las cualidades de integridad, adaptabilidad y resistencia que son vitales para los retos a los que se enfrentarán en sus carreras en las Fuerzas Aéreas. A través del estudio dedicado, la práctica y el compromiso con la mejora continua, los candidatos pueden abordar con confianza el AFOQT y embarcarse en un camino gratificante hacia el servicio a su país como líderes de la Fuerza Aérea.

En última instancia, el AFOQT no es simplemente una prueba, sino una puerta de entrada a un futuro lleno de oportunidades para hacer un impacto significativo, defender los valores de la Fuerza Aérea, y contribuir a la defensa de la nación. Es un trampolín hacia una carrera satisfactoria y honorable dedicada al servicio, la excelencia y el liderazgo.

www.ingramcontent.com/pod-product-compliance
Lightning Source LLC
Chambersburg PA
CBHW062228220526
45471CB00009B/3386